BEI GRIN MACHT SICH IHR WISSEN BEZAHLT

AF167838

- Wir veröffentlichen Ihre Hausarbeit,
  Bachelor- und Masterarbeit

- Ihr eigenes eBook und Buch -
  weltweit in allen wichtigen Shops

- Verdienen Sie an jedem Verkauf

**Jetzt bei www.GRIN.com hochladen
und kostenlos publizieren**

Trainingsplanung eines Ausdauertrainings. Planung eines Mesozyklus

Michael Hermann

Bibliografische Information der Deutschen Nationalbibliothek:

Die Deutsche Nationalbibliothek verzeichnet diese Publikation in der Deutschen Nationalbibliografie; detaillierte bibliografische Daten sind im Internet über http://dnb.d-nb.de abrufbar.

ISBN: 9783346269669
Dieses Buch ist auch als E-Book erhältlich.

Deutsche Hochschule für

Prävention und Gesundheitsmanagement

Einsendeaufgabe

Fachmodul: Trainingslehre 2

Studiengang: Gesundheitsmanagement

Name, Vorname: Hermann, Michael

1

Inhaltsverzeichnis

1. Diagnose

1.1 Allgemeine und biometrische Daten

1.1.1 Datensammlung des Probanden

In Tabelle eins werden die allgemeinen sowie biometrischen Daten des Kunden aufgeführt. Eine umfassende Datensammlung, im Rahmen der im Eingangsgespräch durchgeführten Diagnose, dient der objektiven Beurteilung des Gesundheitszustandes und der Leistungsfähigkeit des Trainierenden. In Folge dessen können durch die Trainingsplanung individuelle Maßnahmen ergriffen und angepasst werden.

Tab. 1: Allgemeine/biometrische Daten des Probanden (eigene Darstellung)

	Proband A
Allgemeine Daten:	
1. **Alter**	1. 45 Jahre
2. **Geschlecht**	2. Männlich
3. **Körpergröße**	3. 180 cm
4. **Körpergewicht**	4. 86 kg
Berufliche Tätigkeit	Steuerberater
Trainingsmotive	1. Gesundheit fördern
	2. Fitness-/ Ausdauerleistung verbessern
Zeitlicher Verfügungsrahmen	Zwei bis drei Abende in der Woche (Montag, Donnerstag, evtl. Samstag); ab 19 Uhr
Sportliche Vorgeschichte	Zwischen dem 14. und 23. Lebensjahr aktiv in einem Fußballverein tätig gewesen (3 Einheiten pro Woche; mittleres Leistungsniveau). Seither unregelmäßige sportliche Aktivitäten. Wandern sowie Skifahren (ca. 3 Wochen im Jahr). Circa drei Tage im Monat Freizeitaktivität wie Schwimmen; Golfen oder Radfahren auf niedrigem Leistungsniveau.
Blutdruck (mmHg)	Systolischer Blutdruck: 141 Diastolischer Blutdruck: 90
Ruhepuls (Schläge/Min.)	78
Allgemeiner Gesundheitszustand	Größtenteils guter allgemeiner Gesundheitszustand. Ein internistischer Eingriff im Bereich der Schulter im 20 Lebensjahr. Dieser ist völlig ausgeheilt und es bedarf aus ärztlicher Sicht keiner sportlichen Einschränkungen. Leicht erhöhter Puls. Blutdruck liegt im hochnormalen Bereich.
Medikamente	Keine regelmäßige Einnahme von Medikamenten

1.1.2 Bewertung des Blutdrucks

Tab. 2: Blutdruckklassifikationen modifiziert nach Mancia et al. (2013, S. 1286)

Bewertungsstufen	Systolischer Blutdruck (mmHg)	Diastolischer Blutdruck (mmHg)
Optimal	< 120	< 80
Normal	< 130	< 85
Hochnormal	130-139	85-89
Hypertonie Stufe 1	140-159	90-99
Hypertonie Stufe 2	160-179	100-109
Hypertonie Stufe 3	> 180	> 110

Der Tabelle eins ist zu entnehmen, dass der Blutdruck des Probanden A bei 141/90 mmHg liegt. Vergleicht man diesen Wert mit den Normwertangaben aus Tabelle zwei, ist ersichtlich, dass sich der Blutdruck des Kunden im Bereich Hypertonie Stufe 1 befindet. Da Bluthochdruck ein schwerwiegender Risikofaktor für Herzinfarkte und Schlaganfälle darstellt, ist es wichtig, diesem entgegenzuwirken (Prugger, Heuschmann & Keil, 2006, S. 287). Durch regelmäßiges Ausdauertraining ist es möglich, eine Blutdrucksenkung von 10 mmHg systolisch und 5 mmHg diastolisch zu erzielen (Kindermann, Dickhuth, Niess, Röcker & Urhausen, 2003). Laut Hoffmann ist eine sportliche Betätigung im Bereich der Hypertonie Stufe 1 ohne Einschränkungen möglich (2001, S. 20).

1.1.3 Bewertung des Ruhepulses

Tab. 3: Ruhepuls Normwerte modifiziert nach Kämper (2010, S. 51)

Alter	Ruhepuls Normwert (Schläge/Min.)
10 Jahre	90
14 Jahre	85
Erwachsener	70

Anhand der Eingangsuntersuchung wurde bei dem Probanden ein Ruhepuls von 78 Schlägen pro Minute ermittelt. Die Höhe des Ruhepulses ist ein erster Anhaltspunkt, um den körperlichen Leistungszustand einer Person beurteilen zu können. Ausdauertraining führt zur Pulsverlangsamung (Mathias, 2018, S. 72). Demnach kann davon ausgegangen werden, dass ein hoher Ruhepuls unter anderem für eine schlechte Ausdauerleistung steht.

Weicht der morgendliche Ruhepuls zu weit von den geltenden Normwerten ab, „sollten körperliche Belastungen reduziert oder ganz ausgesetzt werden" (Mathias, 2018, S. 72). Vergleicht man den in Tabelle 1 vermerkten Ruhepulswert mit den Normwerten aus Tabelle 3, ist ein mäßig erhöhter Wert zu verzeichnen. Es müssen keine trainingsrelevanten Einschränkungen vorgenommen werden.

1.2 Leistungsdiagnostik/Ausdauertestung

Um eine Trainingsplanung optimal gestalten zu können, ist die vorherige Durchführung einer Leistungsdiagnostik essenziell. Diese dient einer genauen Analyse des körperlichen Leistungszustandes des Probanden. Die Diagnose wird anhand eines ausgewählten Testverfahrens erstellt. Neben der Bestimmung des aktuellen Trainingszustandes und der darauf basierenden Trainingsplanung, ist durch einen Ausdauertest ein intraindividueller Leistungsvergleich über einen längeren Zeitraum anhand sogenannter Re-Tests möglich. Zur Ermittlung der Ausdauerleistungsfähigkeit einer Person sind eine breite Spannweite an Testverfahren vorhanden. Die folgenden Ausführungen werden sich auf die Ergometrie konzentrieren, die ein weit verbreitetes sowie anerkanntes Testverfahren darstellt. „Unter Ergometrie versteht man die quantitative Messung und Beurteilung der körperlichen Leistungsfähigkeit und Belastbarkeit von Gesunden und Kranken. Die Ergometrie erfolgt mit einer definierten Belastung, sie soll reproduzierbar sein, dosierbar, vergleichbar und objektiv" (Löllgen, 2010, S. 4)

1.2.1 Begründung der Auswahl des IPN-Tests (WHO-Belastungsschema)

Auf dem Fahrradergometer gibt es diverse Testverfahren, die den unterschiedlichen Leistungsniveaus angepasst sind. Der Vita-Maxima-Test richtet sich beispielsweise an gut trainierte Sportler wie Radfahrer und Triathleten. Diese Testvariante zielt auf eine maximale Belastung ab. Der IPN-Test hingegen wird auf Grundlage des WHO-Tests oder des Hollmann- und Venrath-Tests durchgeführt. Beide Varianten werden mit submaximaler Belastung durchgeführt. Für durchschnittlich bis gut trainierte Personen eignet sich der Hollmann-Venrath-Test. Der WHO-Test richtet sich an leistungsschwächere Personen, wie untrainierte Frauen, ältere Personen und Übergewichtige. Der Tabelle eins ist zu entnehmen, dass der Proband A seit circa 20 Jahren keinen regelmäßigen Sport mehr betreibt. Sein Puls sowie die Blutdruckwerte sind im erhöhten Bereich. Die allgemeinen sowie biometrischen Daten deuten auf eine eher leistungsschwache Person hin. Somit

5

wird für die Leistungsdiagnostik der IPN-Test auf Grundlage des WHO-Tests durchgeführt. Da im submaximalen Belastungsbereich gearbeitet wird, ist die Gefahr der körperlichen Überlastung sowie die möglicherweise damit verbundenen Gesundheitsrisiken minimal. Des Weiteren ist der Test kaum von der Motivation des Probanden abhängig. Da dieser lange keinen Ausdauersport betrieben hat, ist mit einem Verlust der Motivation bei hoher körperlicher Anstrengung zu rechnen.

1.2.2 Praktische Durchführung des Fahrradergometertests

Bevor der Test praktische Anwendung findet, ist es von Nöten, die Pulsobergrenze des Probanden A zu bestimmen. Der Test wird beendet, sobald diese Grenze überschritten wird oder es zu einer muskulären Erschöpfung kommt. Durch eine Voreinstufung anhand der Ruheherzfrequenz, dem Lebensalter und der Berücksichtigung der Trainingshäufigkeit von ausdauerrelevanten Aktivitäten ergibt sich eine Zielherzfrequenz von 135 Schlägen pro Minute (Trunz, 2004, S.4).

Tab. 4: IPN-Test; WHO-Belastungsschema (eigene Darstellung)

testrelevante Parameter			
Alter	45 Jahre	Gewicht	86 kg
Geschlecht	männlich	Eingangsbelastung	25 Watt
Ruhepuls	78 S/min	Belastungssteigerung	25 Watt
Zielherzfrequenz	135 S/min	Stufendauer	2 Minuten
Leistungsstand	untrainiert	Trittfrequenz	60-80 U/min
Belastungsprotokoll			
Stufe (Minuten)	Belastung (Watt)	1. Herzfrequenzmessung (S/min.)	2. Herzfrequenzmessung (S/min.)
0	0	88	-
1 – 2	25	99	106
3 – 4	50	110	114
5 – 6	75	118	122
7 – 8	100	126	129
9 – 10	125	131	135
Testabbruch			
Auswertung			
Belastung	125 Watt		
Relative Wattleistung	1,45 Watt/kg Körpergewicht (125 Watt/86 kg)		

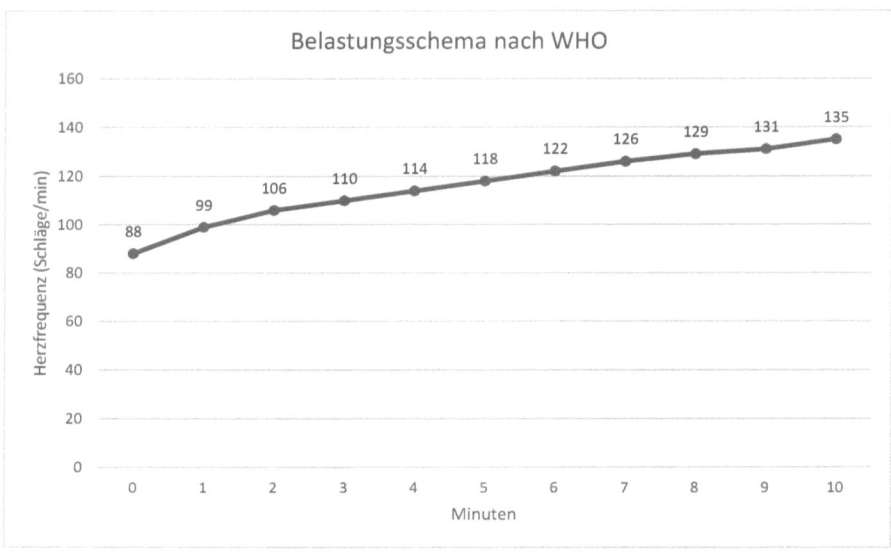

Abb. 1: Ergebnisse des submaximalen Fahrradergometerstufentests von Proband A (eigene Darstellung)

1.2.3 Bewertung der Testergebnisse

In der Tabelle 4 sowie der Abbildung 1 sind die Testergebnisse des Trainierenden darge-stellt. Die Testung wurde bis zur 10. Minute (Stufe 5) durchgeführt und anschließend beendet, da die Zielherzfrequenz von 135 S/min nach 10 Minuten erreicht wurde. Die Gesamtleistung des Probanden A liegt demnach bei 125 Watt. So ergibt sich eine relative Soll-Watt-Leistung von 1,45 Watt pro kg Körpergewicht. Vergleicht man diese Leistung mit den geltenden Normwerten, so zeigt sich, dass der Proband mit einem Belastungsfak-tor (Bf) von 0,57 als untrainiert eigestuft werden kann (Trunz, 2004, S.8).

1.3 Gesundheits- und Leistungsstatus der Person

Abschließend bleibt zu erwähnen, dass der Trainierende erhöhte Blutdruckwerte (Hyper-tonie Stufe 1) sowie leicht erhöhte Puls-Werte aufweist. Der Trainierende wird weder medikamentös, noch ärztlich behandelt. Sein allgemeiner Gesundheitsstatus ist gut. Trotz der erhöhten Werte müssen aus gesundheitlicher Sicht keine trainingsrelevanten Ein-schränkungen vorgenommen werden. Dennoch sollten die Blutdruck- und Pulswerte in regelmäßigen Abständen überprüft werden. Sollten diese wider Erwarten ansteigen, so ist umgehend der Trainer zu kontaktieren. Durch die, aus dem WHO-Test vorgehenden Ergebnisse, kann der Proband A im untrainierten Bereich eingestuft werden. Hieran zeigt sich, dass der Kunde eine eher geringe Belastbarkeit beziehungsweise Trainierbarkeit aufweist.

2. Zielsetzung / Prognose

In dem Eingangsgespräch zwischen dem Trainer und dem Probanden A wurden unter anderem die Trainingsmotive des Trainierenden aufgenommen und festgehalten. Hierbei kristallisierte sich vor allem der Wunsch nach einer Förderung der eigenen Gesundheit sowie eine Verbesserung der Fitness-/ Ausdauerleistung heraus. Da dies noch weitestgehend unspezifische Äußerungen sind, werden die Trainingsmotive in nachfolgender Tabelle konkretisiert. Bei den hier formulierten Zielen handelt es sich immer um eine Verbindung aus Inhalt, Ausmaß und Zeit, um einen direkten Transfer zu messbaren Zielen herzustellen. Die Ziele wurden auf ein drei Mal in der Woche stattfindendes, 45- bis 60-minütiges Ausdauertraining ausgelegt.

Tab. 5: Zielsetzung für Proband A (eigene Darstellung)

Diagnoseaspekt	Ist	Soll/Norm	Bewertung	Ziel
Blutdruck (mmHg)	141 / 90	< 130 / < 85	+ 6 systolisch + 5 diastolisch	Blutdruck ↓ um 6 systolisch und 5 diastolisch Zeit: 3 Monate
IPN Test (WHO-Schema) (Watt/kg)	1,45	1,60	0,15 unter dem Durchschnitt	Wattleistung ↑ um 0,22 (15%) auf 1.67 Zeit: 3 Monate
HF_{Ruhe} (S/min)	78	70	8 über dem Durchschnitt	HF_{Ruhe} ↓ um 6 Schläge Zeit: 3 Monate

Im Nachfolgenden wird die Auswahl der Ziele kurz begründet. Durch die Senkung des Blutdrucks wird beispielsweise das Risiko für Schlaganfälle und Herzinfarkte reduziert (siehe 1.1.2). Dies - und die Senkung des Ruhepulses - gehen mit dem Wunsch des Probanden nach einer Förderung der Gesundheit einher. Die Verbesserung der Wattleistung bei dem WHO-Test steht synonym für eine Verbesserung der Fitness- und Ausdauerleistung.

3. Trainingsplanung Mesozyklus

3.1 Grobplanung Mesozyklus

Vor der in Tabelle sechs und sieben aufgeführten Trainingsplanung soll erwähnt sein, dass dieser Mesozyklus den Anfang eines circa sechs monatigen Makrozyklus eines gesundheitsorientierten Ausdauertrainings darstellt.

Tab. 6: Grobplanung Mesozyklus (eigene Darstellung)

Dauer	6 Wochen
Trainingsziel	- Eingewöhnung regelmäßiges Training
	- Hinführung zum Minimalprogramm
	- Senkung des Blutdrucks
	- Senkung des Ruhepulses
Belastungsumfang/Woche	30-74 Minuten
Trainingsmethoden	extensive Dauermethode (extensive DM)
Trainingsintensität	- 45-55% $Hf_{Reserve}$ (Rad)
	- 45-55% $Hf_{Reserve}$ (Laufband/Walking)
Trainingshäufigkeit/Woche	2-3x
Dauer pro TE	- 15-30 Minuten (Rad)
	- 15-22 Minuten (Laufband/Walking)
Trainingsgeräte	- Fahrrad
	- Laufband (Walking)

3.2 Detailplanung Mesozyklus

In Tabelle sieben kommt es zu einer Berechnung der Trainingsherzfrequenz (Thf) des Probanden A für die festgelegten Trainingsintensitäten. Die Berechnung erfolgt durch die Karvonen-Formel (American College of Sports Medicine [ACSM], 2006a, S. 342).

Karvonen-Formel: $Thf = (Hf_{max} - Hf_{Ruhe})$ x Intensität in % + Hf_{Ruhe}

• Hf_{max} = maximale Herzfrequenz (Berechnung: Hf_{max} Fahrrad = 200 – Lebensalter; Hf_{max} Laufband = 220 – Lebensalter);

9

- Hf_{Ruhe} = Ruheherzfrequenz

- $(Hf_{max} - Hf_{Ruhe})$ = Herzfrequenzreserve

Nachfolgend wird die Berechnung der Trainingsherzfrequenz für den ersten Trainingstag (Fahrradergometer) zum besseren Verständnis aufgeführt:

Thf = (155 S/min – 78 S/min) x 0,45 + 78 S/min → Thf = 113 S/min (Pulsuntergrenze);

Thf = (155 S/min – 78 S/min) x 0,55 + 78 S/min → Thf = 120 S/min (Pulsobergrenze)

Tab. 7: Detailplanung Mesozyklus (eigene Darstellung)

Woche 1			
	Montag	Donnerstag	Samstag
Trainingsziel	- Regelmäßiges Training - Hinführung zum Mini- malprogramm	- Regelmäßiges Training - Hinführung zum Mini- malprogramm	
Trainingsmethode	Extensive DM	Extensive DM	
Trainingsintensität ($Hf_{Reserve}$)	45-55%	45-55%	
Trainingsherzfre- quenz (S/min)	113-120	113-120	
Trainingsdauer (Min.)	15	15	
Ausdauertrainingsge- rät	Fahrrad	Fahrrad (Outdoor)	
Woche 2			
	Montag	Donnerstag	Samstag
Trainingsziel	- Regelmäßiges Training - Hinführung zum Mini- malprogramm	- Regelmäßiges Training - Hinführung zum Mini- malprogramm	- Regelmäßiges Trai- ning - Hinführung zum Mini- malprogramm
Trainingsmethode	Extensive DM	Extensive DM	Extensive DM
Trainingsintensität ($Hf_{Reserve}$)	45-55%	45-55%	45-55%
Trainingsherzfre- quenz (S/min)	113-120	122-131	113-120
Trainingsdauer (Min.)	15	15	15
Ausdauertrainingsge- rät	Fahrrad	Laufband (Walking)	Fahrrad (Outdoor)
Woche 3			
	Montag	Donnerstag	Samstag

Trainingsziel	- Regelmäßiges Training - Hinführung zum Minimalprogramm	- Regelmäßiges Training - Hinführung zum Minimalprogramm	- Regelmäßiges Training - Hinführung zum Minimalprogramm
Trainingsmethode	Extensive DM	Extensive DM	Extensive DM
Trainingsintensität (Hf$_{Reserve}$)	45-55%	45-55%	45-55%
Trainingsherzfrequenz (S/min)	122-131	113-120	122-131
Trainingsdauer (Min.)	15	18	18
Ausdauertrainingsgerät	Laufband (Walking Outdoor)	Fahrrad	Fahrrad (Outdoor)

Woche 4			
	Montag	Donnerstag	Samstag
Trainingsziel	- Regelmäßiges Training - Hinführung zum Minimalprogramm	- Regelmäßiges Training - Hinführung zum Minimalprogramm	- Regelmäßiges Training - Hinführung zum Minimalprogramm
Trainingsmethode	Extensive DM	Extensive DM	Extensive DM
Trainingsintensität (Hf$_{Reserve}$)	45-55%	45-55%	45-55%
Trainingsherzfrequenz (S/min)	122-131	113-120	122-131
Trainingsdauer (Min.)	18	22	18
Ausdauertrainingsgerät	Fahrrad (Outdoor)	Fahrrad	Laufband (Walking Outdoor)

Woche 5			
	Montag	Donnerstag	Samstag
Trainingsziel	- Hinführung zum Minimalprogramm	- Hinführung zum Minimalprogramm	- Hinführung zum Minimalprogramm
Trainingsmethode	Extensive DM	Extensive DM	Extensive DM
Trainingsintensität (Hf$_{Reserve}$)	45-55%	45-55%	45-55%
Trainingsherzfrequenz (S/min)	122-131	122-131	113-120
Trainingsdauer (Min.)	20	20	25
Ausdauertrainingsgerät	Laufband (Walking)	Laufband (Walking Outdoor)	Fahrrad

Woche 6			
	Montag	Donnerstag	Samstag

Trainingsziel	- Hinführung zum Mini- malprogramm	- Blutdrucksenkung - Pulssenkung	- Hinführung zum Mini- malprogramm
Trainingsmethode	Extensive DM	Extensive DM	Extensive DM
Trainingsintensität (Hf$_{Reserve}$)	45-55%	45-55%	45-55%
Trainingsherzfre- quenz (S/min)	122-131	113-120	122-131
Trainingsdauer (Min.)	22	30	22
Ausdauertrainingsgerät	Laufband (Walking)	Fahrrad (Outdoor)	Laufband (Walking)

3.3 Begründung zum Mesozyklus

3.3.1 Begründung zum angestrebten wöchentlichen Belastungsumfang

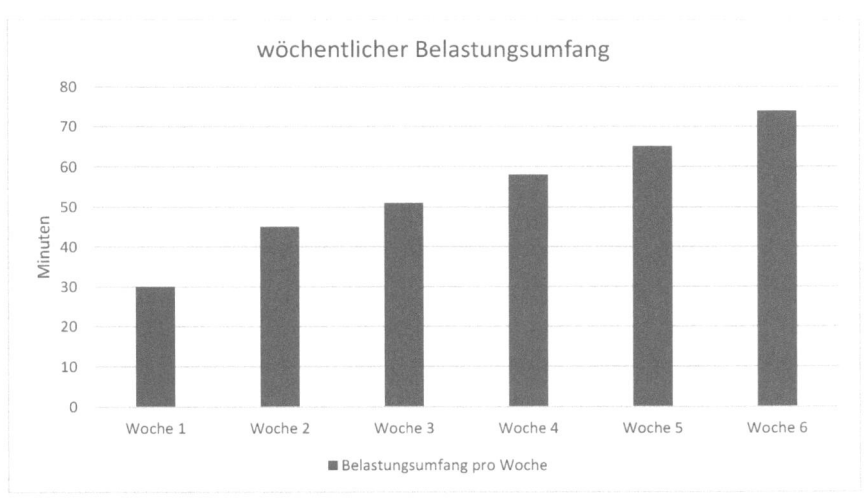

Abb. 2: Belastungsumfang des Probanden A im Mesozyklus (eigene Darstellung)

In der Abbildung zwei wird der wöchentliche Belastungsumfang in Minuten dargestellt. Der Proband A trainiert in der ersten Woche zwei Einheiten. Ab der zweiten Woche wird eine dritte Einheit integriert. Es ist ersichtlich, dass der zeitliche Verfügungsrahmen des Probanden eingehalten wird. Das Prinzip der Dauerhaftigkeit und Kontinuität kann somit umgesetzt werden. Folgt man Zintl und Eisenhut, liegt die Untergrenze für die Trainings-häufigkeit bei zwei Mal pro Woche, um ein Mindestmaß an trainingswirksamer Belastung zu erzielen (2001, S.137). Eine gesamtwöchentliche Belastung von circa 60 Minuten soll durch den Probanden A als Trainingseinsteiger für das Minimalprogramm des Ausdauertrainings zur Verbesserung der Gesundheit erzielt werden (Zintl & Eisenhut, 2001 S. 137). Der Abbildung zwei ist zudem zu entnehmen, dass der Trainierende dieses Soll in der Woche fünf erreicht und überschreitet. Es bleibt jedoch zu erwähnen, dass durch den niedrigen Energieverbrauch im Training nur mit einer eingeschränkten gesundheitlichen Wirkung zu rechnen ist.

3.3.2 Begründung zu der ausgewählten Trainingsmethode

Der Proband A wird sich in den ersten sechs Wochen des Makrozyklus nur im Bereich der extensiven Dauermethode bewegen. Aufgrund des unterdurchschnittlichen Leistungszustandes erweist sich dies als sinnvoll, da ausschließlich mit niedriger bis moderater Belastungsintensität trainiert wird (Gimbel, 2015, S. 195). Diese Methode dient vorerst ebenfalls der Hinführung zu einem Minimalprogramm (siehe 3.3.1). Folgt man Gimbel, so hat die extensive Dauermethode bei zunehmender Belastungsdauer positive Effekte hinsichtlich der Ökonomisierung des Herz-Kreislauf-Systems (2015, S.195). Erreicht man Belastungszeiträume von 30 bis 120 Minuten pro Trainingseinheit, so führt dies zu der Entwicklung einer guten Grundlagenausdauer, einer Senkung des Blutdrucks und des Ruhepulses, was mit den Zielen des Probanden einher geht. Das Prinzip einer variierenden Belastung kann hinsichtlich der Trainingsmethoden im ersten Mesozyklus noch nicht realisiert werden.

3.3.3 Begründung zur Belastungsprogression

„Ausdauer ist charakterisiert durch die Fähigkeit, eine gegebene Leistung über einen möglichst langen Zeitraum durchhalten zu können" (Hollmann & Strüder, 2009, S. 297). Aus dieser Definition lässt sich ableiten, dass ein Belastungsreiz über einen bestimmten Zeitraum aufrechterhalten werden soll. Es kommt erst zu einer Erhöhung der Trainingshäufigkeit und der Belastungsdauer. Als letztes wird sich auf eine Intensitätssteigerung konzentriert. So kann „Häufigkeit vor Umfang vor Intensität" als Grundregel angesehen werden (Zintl & Eisenhut, 2009, S 18). Der Tabelle 7 ist zu entnehmen, dass in der Woche zwei ein zusätzlicher Trainingstag in den Zyklusplan integriert wird. Im Sinne der progressiven Belastungssteigerung wurde auf eine wöchentliche Erhöhung des Trainingsumfangs von circa 15 Prozent geachtet. In Woche zwei ist der prozentuale Wert aufgrund der Einführung eines weiteren Trainingstages gestiegen. Dies wird anhand der noch sehr geringen Dauer pro Trainingseinheit bewerkstelligt. Eine Intensitätssteigerung wurde wegen der Leistungsstufe des Probanden zunächst außen vorgelassen. So bleibt eine Belastungsintensität von 45-55 % Hf$_{Reserve}$ bestehen. Laut ACSM beträgt die Mindestreizschwelle zur Auslösung von Anpassungserscheinungen 45-50 % Hf$_{Reserve}$ (2006b). Eine Erhöhung wird erst umgesetzt, wenn der Proband A zwei bis drei Trainingseinheiten von circa 45 bis 60 Minuten in der extensiven Dauermethode umsetzen kann. Um das optimale Verhältnis zwischen Belastung und Erholung realisieren zu können, muss ein Intensitätswechsel vorhanden sein. Aufgrund der zunächst gleichbleibenden Intensitätsstufe wird das Prinzip erst in den nachfolgenden Mesozyklen berücksichtigt.

3.3.4   Begründung zu dem angesteuerten Trainingsbereich

Neumann, Pfützner und Berbalk unterscheiden hinsichtlich des Ausdauersports vier verschiedene Trainingsbereiche. Den Regenerations- und Kompensationsbereich (RE-KOM), den Grundlagenausdauerbereich eins und zwei (GA1, GA2) und die wettkampfspezifische Ausdauer (2007, S. 140). Eingeteilt werden die vier Bereiche aufgrund der unterschiedlichen Belastungsintensitäten (Zintl & Eisenhut, 2001, S. 111). Der Proband A wird in seinem ersten Mesozyklus auf ein Training im Grundlagenausdauerbereich eins vorbereitet. Dieser entspricht einer Belastungsintensität an der aeroben Schwelle. Trainiert wird bevorzugt anhand der extensiven sowie der variablen Dauermethode. Da der GA1 allerdings einen hohen Trainingsumfang (ca. 30-120 Minuten) erfordert, muss die Leistung des Trainierenden zunächst dahingehend entwickelt werden. Ist der Proband in der Lage, ein mehrmals in der Woche stattfindendes Training über 30 Minuten zu absolvieren, so ist eine Stabilisierung und Verbesserung der Grundlagenausdauer möglich. Des Weiteren kommt es zu positiven Effekten hinsichtlich des Herz-Kreislauf-Systems. Alle diese Ziele harmonieren mit den Wünschen des Probanden A.

3.3.5   Begründung der ausgewählten Ausdauergeräte bzw. Bewegungsformen

Aufgrund des niedrigen Leistungsstandes werden die Trainingseinheiten des ersten Mesozyklus primär auf dem Fahrradergometer stattfinden. Dadurch werden dem Probanden A geringe koordinative Fähigkeiten abverlangt und der Bewegungsablauf ist einfach und bekannt. Es ergibt sich der Vorteil, dass die trainingsbedingten Veränderungen der Leistung durch Re-Tests (WHO-Test) auf dem Fahrrad festgestellt werden können. Um der Monotonie und damit der Gefahr des Motivationsverlustes entgegenzuwirken, wird bereits in Woche zwei das Walking auf dem Laufband hinzugefügt. Diese Entscheidung

geht mit dem Prinzip der variierenden Belastung einher. Da der Trainierende einen Groß-
teil des Tages sitzend verbringt, ist es von Nöten, einen Ergometer zu integrieren, der auf
eine aufrechte Körperhaltung ausgerichtet ist. Das Walking auf dem Laufband ist als
zweites Trainingsgerät ideal, da es zu einer geringen Blutdruckbelastung kommt, die Belastung individuell dosierbar ist und laut Schwarz, Urhausen & Schwarz ein ausreichen-
der Trainingsreiz bei einer gleichzeitig geringen Überforderungsgefahr besteht (1998, S.
315-317). Des Weiteren wurde bei der Wahl der Trainingsgeräte darauf geachtet, dass
mindestens ein Sechstel der gesamten Skelettmuskulatur beansprucht wird und somit ein
Training anhand der allgemeinen und nicht der lokalen Ausdauer stattfindet. Durch dieses
lassen sich positive Anpassungen des Herz-Kreislauf-Systems erzielen. Abschließend ist
der Tabelle sieben zu entnehmen, dass die Trainingseinheiten nicht nur innen, sondern
auch draußen stattfinden werden. Auch dieser Aspekt geht mit dem Prinzip der variierenden Belastung einher. Der Wechsel zwischen Indoor- und Outdoor-Einheiten soll in der
noch recht monotonen ersten Trainingsphase als zusätzlicher motivationaler Aspekt die-
nen. Der Freiluftaufenthalt bewirkt zudem eine Steigerung der kognitiven Leistung und
bringt eine muskuläre sowie gelenkbezogene Abwechslung mit sich. Zu erwähnen bleibt,
dass das Outdoor-Training auch Probleme wie beispielsweise in Großstädten die
Feinstaubbelastung mit sich bringt. Der Proband wurde aus diesen Gründen darauf hin-
gewiesen, das Training in naturbezogenen Gebieten zu absolvieren.

4. Literaturrecherche

Da der in dieser Arbeit vorgestellte Proband A hypertonisch ist, ist es sinnvoll, zwei Studien zu veranschaulichen, die sich mit den Effekten des Ausdauertrainings bei arterieller Hypertonie auseinandersetzen.

Tab. 8: Wissenschaftliche Studien zum Thema „Effekte des Ausdauertrainings bei arterieller Hypertonie" (eigene Darstellung)

Titel	„Kardiovaskuläre Effekte eines aeroben versus eines isometrischen Trainings bei arterieller Hypertonie"	„Auswirkungen von Ausdauer- vs. Krafttraining vs. der Kombination Ausdauer-/Krafttraining auf die systemische Hämodynamik, Gefäßelastizität sowie Herzfrequenzvariabilität bei Patienten mit arterieller Hypertonie"
Autor(en)	Stergios, V.	Bickenbach, A., L.
Publizierung	2015	2011
Forschungsfrage	Die „Studie untersucht die kardiovaskulären Auswirkungen eines isometrischen Faustschlusstrainings gegenüber einem aeroben Training bei Patienten mit arterieller Hypertonie" (Stergios, 2015, S. 30),	Die Studie überprüft die „Effektivität der ausgewählten Trainingsformen und -intensitäten im Hinblick auf eine Blutdrucksenkung bei Personen mit einer hypertensiven Blutdrucklage" (Bickenbach, 2011, S. 21). Verglichen wurden das Ausdauer-, das Krafttraining und die Kombination aus diesen Trainingsformen (Bickenbach, 2011, S. 21).
Proband-en/Stich-probe	70 Patienten (41 Frauen; 29 Männer) (Stergios, 2015, S. 41) mit medikamentös behandelter arterieller Hypertonie oder, bei einem Blutdruck von ≥ 140/90 mmHg ohne medikamentöse Therapie (Stergios, 2015, S.31). Ausschlusskriterien: Personen mit einer höhergradigen peripheren Verschlusskrankheit (>Stadium 1), einem höhergradigen Aortenvitium (> 1. Grades), einer hypertrophisch	55 Probanden (13 Frauen; 42 Männer) mit einer arteriellen Hypertonie Grad I (durch eine 24-Stunden-Blutdruckmessung evaluiert). Als Ausschlusskriterien galten antihypertensive medikamentöse Einstellung in den vergangenen zwölf Wochen vor Beginn der Studie, Personen, die in den vergangenen drei Monaten sportlich aktiv waren, Personen mit mittelschwerer bis schwerer Hypertonie, KHK, Herzinsuffizienz,

	obstruktiven Kardiomyopathie, einer höhergradigen Herzinsuffizienz (> NYHA II), unkontrollierten Herzrhythmusstörungen, einem systolischen Ruheblutdruck ≥ 180 mmHg und/oder einem diastolischen Ruheblutdruck ≥ 110 mmH, bei einer Teilnahme an anderen klinischen Studien und regelmäßiger sportlicher Aktivität (Stergios, 2015, S. 32-33).	Herzvitien, höhergradige Erregungsbildungs- und/oder Erregungsleitungsstörungen am Herzen sowie Personen mit einem Herzinfarkt in den letzten drei Monaten vor Beginn der Studie (Bickenbach, 2011, S. 22-23).
Versuchsaufbau	Einteilung der 70 Patienten in drei Gruppen: Gruppe 1 besteht aus 25 Personen. Isometrisches Training über 12 Wochen; fünf Mal wöchentlich vier zweiminütige Faustschlusskontraktionen mit 30% der Maximalkraft, was einer Gesamtdauer von 8 Minuten pro Trainingseinheit entspricht (Stergios, 2015, S. 31). Gruppe 2 besteht aus 23 Personen (Kontrollgruppe – Placebo). Die Probanden trainieren mit einem optisch identischen Faustschlussgerät wie die Patienten aus Gruppe 1. Das Placebo-Gerät wurde so eingestellt, dass bei einer Faustschlusskontraktion keine signifikante Kraft (5% der maximalen Kraft) aufgewendet werden muss (Stergios, 2015, S.31). Gruppe 3 besteht aus 22 Personen. Diese führen 5 Mal pro Woche ein 30-45-minütiges aerobes Training durch (Joggen, Walking, Radfahren, Schwimmen) (Stergios,2015, S.32). Die medikamentöse Therapie blieb während der 12-wöchigen Studienlaufzeit bei allen 70 Patienten unverändert (Stergios, 2015, S. 32).	Randomisierte Einteilung der Teilnehmer in vier Gruppen: Ausdauertrainingsgruppe (ATG) besteht aus 13 Probanden (9 männlich, 4 weiblich). Krafttrainingsgruppe (KTG) besteht aus 14 Probanden (11 männlich, 3 weiblich). Ausdauer- und Krafttrainingsgruppe (AKTG) besteht aus 15 Probanden (12 männlich, 3 weiblich). Kontrollgruppe (KG) besteht aus 12 Probanden (10 männlich, 3 weiblich) (Bickenbach, 2011, S. 23-24). Die Gruppen ATG, KTG und AKTG absolvierten ein zwölfwöchiges Trainingsprogramm, dass sich auf drei Einheiten in der Woche belief. Die Trainingseinheiten begannen mit einem fünfminütigen Warm-Up auf dem Fahrradergometer. Während der zwölf Wochen wurden sowohl die Dauer der Einheiten als auch die Intensität (von 50% $Hf_{Reserve}$ auf 75% $Hf_{Reserve}$) gesteigert (Bickenbach, 2011, S.25). Die ATG führte das Ausdauertraining auf dem Fahrradergometer durch. Die KTG führte ihr Training anhand eines Zirkeltrainings mit 13 verschiedenen

	Bei der Rekrutierung sowie nach der 12-wöchigen Intervention wurde bei allen Probanden eine 24-Stunden-Blutdruckmessung durchgeführt. Des Weiteren erfolgte eine Pulswellenanalyse zur Bestimmung diverser hämodynamischer Parameter (Stergios, 2015, S. 33).	Kraftübungen durch. Die AKTG vollzog beide beschriebenen Trainingsformen. (Bickenbach, 2011, S. 26). Die Kontrollgruppe führte keinen systematischen Sport durch (Bickenbach, 2011, S. 24). Sowohl vor als auch nach den zwölf Trainingswochen wurden die Probanden ärztlich untersucht. Diese Untersuchung beinhaltete eine Leistungsdiagnostik, die Bestimmung von Laborparametern und hämodynamischen Variablen. Die Tests wurden in gleicher Abfolge sowie zu denselben Zeiten durchgeführt, um individuelle Tagesschwankungen zu vermeiden (Bickenbach, 2011, S. 23).
Ergebnisse und Schlussfolgerungen	Das isometrische Training hatte keinen signifikanten Einfluss auf die ambulante 24-Stunden-Blutdruckmessung und auf die Verbesserung der Gefäßelastizitätsparameter (Stergios, 2015, S. 8). „Das aerobe Training führte zu einer statistisch signifikanten Senkung sowohl des systolischen, als auch des diastolischen Blutdrucks in der ambulanten 24-Stunden-Blutdruckmessung" (Stergios, 2015, S. 8). Weiter wurden Verbesserungen der Elastizitätsindices der kleinen sowie der großen Gefäße festgestellt. Ein Abfall des totalen peripheren Wiederstands konnte ebenfalls ausgemacht werden (Stergios, 2015, S. 8). Abschließend und schlussfolgernd kann festgestellt werden, dass es durch aerobe körperliche	Der Blutdruck der Probanden der ATG-, der KTG- und der AKTG-Probanden ist über das zwölf-wöchige Training systolisch sowie diastolisch signifikant gesunken. Bei der Kontrollgruppe konnte ein leichter Anstieg des systolischen Blutdrucks und eine minimale Senkung des diastolischen Blutdrucks ausgemacht werden (Bickenbach, 2011, S. 49-52). Schlussfolgernd kann der Studie entnommen werden, dass es durch Ausdauertraining zu einer Blutdrucksenkung kommt (Bickenbach, S. 49-52). „Im Zuge der aktuellen Therapieempfehlungen hat sich ausdauerorientiertes körperliches Training zu einem wesentlichen Therapieprinzip der arteriellen Hypertonie etabliert" (Bickenbach, 2001, S. 53).

5. Literaturverzeichnis

American College of Sports Medicine. (2006a). *ACSM's Guidelines for Exercise Testing and Prescription. ACSM's Guidelines for Exercise Testing and Prescription* (7. Aufl.). Philadelphia: Williams & Wilkins.

American College of Sports Medicine. (2006b). *Guide-lines for exercise testing and prescription* (5. Aufl.). Philadelphia: Lippincott Williams & Wilkins.

Bickenbach, A., L. (2011). *Auswirkungen von Ausdauer- vs. Krafttraining vs. der Kombination Ausdauer-/Krafttraining auf die systemische Hämodynamik, Gefäßelastizität sowie Herzfrequenzvariabilität bei Patienten mit arterieller Hypertonie.* Dissertation, Deutsche Sporthochschule Köln, Köln. Zugriff am 09.12.2019. Verfügbar unter http://esport.dshs-koeln.de/314/1/Formatvorlage_Diss_02052012.pdf

Gimbel, B. (2015). Körpermanagement. Handbuch für Trainer und Experten in der betrieblichen Gesundheitsförderung. Berlin: Springer.

Hoffmann, G. (2001). Hypertonie und Sport. *Deutsche Zeitschrift für Sportmedizin, 52* (7-8). 20.

Löllgen, H., Erdmann E. & Gitt, A. (2009). *Ergometrie. Belastungsuntersuchungen in Klinik und Praxis.* (3. Aufl.). Berlin, Heidelberg: Springer. Zugriff am 25.11.2019. Verfügbar unter https://link.springer.com/chapter/10.1007/978-3-540-92730-3_1

Neumann, G., Pfützner, A. & Berbalk, A. (2007). *Optimiertes Ausdauertraining* (5., überarb. Aufl.). Aachen: Meyer & Meyer.

Kindermann, W., Dickhuth, H.-H., Niess, A., Röcker, K. & Urhausen, A. (2003). *Sportkardiologie. Körperliche Aktivität bei Herzerkrankungen.* Darmstadt: Steinkopff.

Kämper, H. (2010). *Notfälle in der Heilpraktikerpraxis. Wissen für Praxis und Prüfung.* Stuttgart: Haug.

Mancia, G., Fagard, R., Narkiewicz, K., Redòn, J., Zanchetti, A., Böhm, M. et al. (2013). 2013 ESH/ESC Guidelines for the management of arterial hypertension. The task force for the management of arterial hypertension of the European Society of Hy-pertension

(ESH) and of the European Society of Cardiology (ESC). *Journal of hyper-tension*, 31 (7), 1281–1357.

Mathias, D. (2018). *Fit und gesund von 1 bis Hundert. Ernährung und Bewegung. Aktuelles medizinisches Wissen zur Gesundheit* (4. Aufl.). Berlin: Springer. Zugriff am 23.11.2019. Verfügbar unter https://link.springer.com/content/pdf/10.1007%2F978-3-662-56307-6.pdf

Prugger, C., Heuschmann, P., U. & Keil, U. (2006). Epidemiologie der Hypertonie in Deutschland und weltweit. *Herz Kardiovaskuläre Erkrankungen,* 31 (4), 287-293.

Stergios, V. (2015). *Kardiovaskuläre Effekte eines aeroben versus eines isometrischen Trainings bei arterieller Hypertonie.* Dissertation, Medizinische Fakultät Charité-Universitätsmedizin Berlin, Berlin. Zugriff am: 09.12.2019. Verfügbar unter https://refubium.fu-berlin.de/bitstream/handle/fub188/1246/diss_s.vlatsas.pdf?sequence=1&isAllowed=y

Trunz, E. (2004). *IPN-Test® - Ausdauertest für den Fitness- und Gesundheitssport.* Köln: Institut für Prävention und Nachsorge.

Weineck, J. (2003). Ausdauertraining. Trainingssteuerung über die Herzfrequenz- und Milchsäurebestimmung. Balingen: Spitta.

Zintl, F. & Eisenhut, A. (2001). *Ausdauertraining. Grundlagen Methoden Trainingssteuerung* (5. Überarb. Aufl.). München: BLV.

Zintl, F., & Eisenhut, A. (2009). *Ausdauertraining: Grundlagen. Methoden. Trainingssteuerung* (7 überarbeitete Aufl.). München: BLV.

6. Abbildungs- und Tabellenverzeichnis

6.1 Abbildungsverzeichnis

6.2 Tabellenverzeichnis